Ln 1799.

ÉLOGE
DE J.J. ROUSSEAU,

CITOYEN DE GENÈVE,

PAR MICHEL-EDME PETIT,

CITOYEN FRANÇAIS,

DÉPUTÉ du Département de l'Aisne, à la Convention Nationale.

LES quatre siècles des arts, monumens de génie, sont aussi des monumens de bassesse. Qu'il en naisse un cinquième, et qu'il soit celui de la vérité.

THOMAS.

SECONDE EDITION.

A PARIS,

DE l'Imprimerie de la Rue du ROI DE SICILE, à présent rue des *Droits de l'Homme*, nº 44.

=====

JANVIER 1793.

ÉLOGE

DE J.-J. ROUSSEAU,

CITOYEN DE GENÈVE.

IL est des hommes en tout extraordinaires pendant leur vie, et qui même au-delà du tombeau, sont encore remarquables par une sorte de fatalité qui s'attache à leur mémoire. La nature a dû faire un effort pour produire dans ce siècle J.-J. Rousseau, Citoyen de Genève; et la plus étonnante révolution sociale devoit tout-à-la-fois légitimer et retarder les hommages publics décernés par l'Académie Française à cet homme justement célèbre.

Pourquoi faut-il que J.-J. Rousseau soit si digne de nos éloges? Pourquoi faut-il que son éloge soit si utile et si difficile en ce moment?

La France est encore toute tremblante de la secousse qui a brisé ses chaînes, et mille agitations diverses se font sentir dans son sein. Les craintes de l'intérêt, les convulsions de l'orgueil, les habitudes de la bassesse, le délire de la licence, les fantômes de la superstition, forment une espèce de tourbillon particulier dans

A 2

le mouvement général qui nous porte vers la liberté. Cette liberté elle-même, mieux appréciée dans les consciences que définie dans les esprits, est attaquée par toutes sortes de tyrans ligués et réunis contre elle , de tous les points de l'Univers. Tout s'émeut, tout se tourmente , tout agit, pense, parle, écrit même. Les idées, les jugemens, les systêmes se pressent et se heurtent comme les évènemens, avec une incalculable rapidité. Dans ce cahos, les idées du juste et du vrai semblent être obscurcies ; on est comme ramené sans cesse de l'admiration au blâme, du blâme à l'admiration, du doute à la certitude, et de la certitude au doute. On pourroit dire que ce qui est vrai aujourd'hui, ne sera pas même probable demain : demain, peut-être, la vertu d'aujourd'hui sera-t-elle un crime ; tant il y a de distance d'un jour à l'autre dans ces jours de douleurs et de joie, où ma Patrie s'enfante à l'honneur !

Que de telles circonstances sont peu favorables à ce calme de pensées, à ces méditations tranquilles et profondes, qui, peu à peu , deviennent enthousiasme pour le panégyrique d'un grand homme, et l'élèvent à la hauteur de son sujet!

A ces obstacles , de plus puissans obstacles viennent se joindre encore par rapport à

J.-J. Rousseau. Sa tombe est à peine fermée ; il est trop près de nous ; nous l'avons tous vu ; il semble que nous ayons à nous venger de ce qu'il ne fût qu'un homme. Plusieurs de ceux qui le jugent ne l'entendent pas, d'autres ne veulent pas l'entendre. Ses Ouvrages, qui tous inspirent le bonheur et la vertu, on les lit, on les relit sans cesse, et l'on vient répéter encore après les fous illustres et méchans qui l'ont tant tourmenté pendant sa vie : *Rousseau fut un homme à système !* O honte d'un siècle qui se dit éclairé ! disparois, et que la raison elle-même porte avec respect ses regards sur le génie.

Dans une imagination qui pourroit surmonter toutes les difficultés, si j'avois plus de talens, je m'arrache pour un moment aux circonstances. Du pied de la statue de J. - J. Rousseau, je plane sur les préjugés qu'il a tant combattus ; et dans l'espoir de nous instruire tous ensemble, plutôt par les certitudes du sentiment, que par les subtilités de l'esprit, je m'entoure à mon gré d'une foule d'humains selon son cœur.... L'illusion se réalise, je me sens pressé de tous côtés par les amis de ce grand homme, qui vont m'aider à parler de lui. O vous tous, qui avez une ame ! venez, venez augmenter cette foule respectable ; vieillards, venez éprouver encore quelques plaisirs ; il enseignoit à vous respecter, il aimoit à vous voir heureux. Pères tendres, occupez votre esprit de celui qui dicta vos devoirs d'après vos cœurs. Femmes, parlons de celui qui vous honoroit, qui vous chérissoit, et vous enseigna tout le bonheur d'être mères. Laissez approcher ces petits enfans, qu'ils nous écoutent, nous nous entretenons de leur ami. Aimables jeunes gens, soutiens de la Patrie, songez à celui qui dictoit les leçons de l'humanité, les paroles de la justice, qui fit de l'amour une vertu, voulut que les devoirs devinssent des plaisirs, et tourna vers l'utilité publique le hasard ou le mérite de tous les talens. Philosophes, Législateurs, Poëtes, Orateurs, confondons-nous tous dans une juste admiration, dans une même reconnoissance pour Jean-Jacques, et daignez m'entendre, vous penserez ce que je n'aurai pas dit.

Ces formules oratoires, par lesquelles on louoit les grands hommes avec un égal avantage sur l'éclat ou sur l'obscurité de leur naissance, ces formules si précieuses pour l'orgueil généalogique, parce qu'elles ne mettoient à côté de lui que les prodiges de la nature humaine, ont disparu devant nos loix ; et si comme Marc-Aurele, on ne compte pas désormais ses parens par les vertus qu'on en apprises, ce n'est pas la peine d'en parler.

J.-J. Rousseau étoit fils d'Isaac Rousseau, Citoyen de Genève, Horloger, homme vertueux et sensible.

Dans cet âge où l'on est sans pitié, Jean-Jacques fut sensible à l'excès. Il fut tourmenté par les besoins de l'imagination, dans l'âge où les autres n'ont pas encore d'idées. Mais serons-nous forcés de nous en tenir ici à une admiration stérile ; et faut - il qu'il y ait toujours quelque chose d'incompréhensible dans l'élévation d'un mortel au-dessus de ses semblables ? Oui, certes, et la nature qui employe à former un grand homme, tous les siècles qui l'ont précédé, cache les moyens de cette création dans leur simplicité même.

Gardons-nous cependant en ceci, de croire que nous ne savons rien, parce que nous ignorons quelque chose ; ce seroit outrager la nature elle-même, qui nous a confié le droit d'observer le bonheur de l'expérience, le mérite de l'émulation.

Un père, dont la plus forte passion étoit l'amour pour sa patrie et pour la liberté, une imagination vive et brillante, frappé d'abord de ces grands simulacres de vertu, que l'invention fait admirer, élevé ensuite à la hauteur de ces hommes fameux, qui vivent encore dans Plutarque, une sensibilité extraordinaire; telles sont les causes premières que Jean - Jacques paroît indiquer lui - même de tout ce qu'il a été.

Je ne sais ; mais pour moi qui regarde la sensibilité libre comme le principe de tout ce qu'il y a, de bon et de grand dans l'homme, j'aime à voir tous les élémens du génie et des vertus de Rousseau, dans cette seule circonstance de sa jeunesse ; c'est lui - même qui la rapporte. *J'avois coûté la vie à ma mère, mon père ne se consola jamais de cette perte. Il croyoit la revoir en moi, sans pouvoir oublier que je la lui avois ôtée. Quand il me disoit : Jean-Jacques, parlons de ta mère. Je lui disois : Eh bien, mon père, nous allons donc pleurer, et ce mot seul lui tiroit déja des larmes.*

Semblable à ces fleuves qui vont se partager la terre pour porter de tous côtés dans un long cours la vie et la fécondité, dont la source a quelque chose de grand, de majestueux à l'œil même de ceux qui ignorent leur destinée, Jean-Jacques, encore enfant, est déja marqué de ces traits particuliers qui promettent un grand homme au monde,

Ce sera un sujet éternel de sentimens pénibles , d'enchantement et d'admiration , que l'histoire des premiers ans de J.-J. Rousseau.

Je n'entrerai point ici dans le détail des évènemens de sa jeunesse ; quelques-uns sont peut-
être humilians pour l'humanité , et si dans son
intéressante histoire on voit un malheureux enfant séduit par des prêtres, forcé de changer de
religion pour avoir du pain , si l'on voit le sceau
de l'immortalité sur le front d'un valet, c'est
la faute de notre siècle ; et plut à Dieu qu'au
sujet de ce grand homme, nous n'eussions pas
d'autres reproches à lui adresser !

Les occasions les plus bizarres, les plus terribles , les plus heureuses, semblent se disputer le
droit d'émouvoir cette ame sensible, ce caractère
timide et docile dans la vie ordinaire , mais
ardent , fier, indomptable dans les passions.

Exercé de bonne heure aux sentimens douloureux, luttant corps à corps avec l'infortune,
déchiré souvent par l'injustice , il semble que
Jean-Jacques ait promis à son cœur de se venger
de ses maux, en apprenant un jour aux hommes
la bienfaisance et la justice. On diroit que cet
espoir l'élève au-dessus de tout, et qu'il trouve
dans ce but même qu'il se seroit proposé , la
force d'y atteindre. Il savoit, comme par inspi-

ration, que la vérité seule peut tracer la route de l'équité, et dicter les actions louables. L'impérieux besoin de connoître en toutes choses le vrai, devient pour lui une passion qui absorbe toutes les autres. Repoussé par les difficultés de l'étude, il étudie avec un courage, une obstination que l'on prendroit pour de la témérité. Sans guide, sans maître, il n'a d'autre méthode que l'envie de tout savoir, de tout comprendre. Il nourrit son esprit de toutes les connoissances humaines, et peu importe par quel endroit il en saisisse d'abord la chaîne, elle ne peut lui échapper. Tout-à-coup, il jette-là les livres élémentaires, et tourne toute l'aptitude de son génie vers les lumières qu'il cherche. Les temps, les lieux, les circonstances, le plaisir, la douleur, tout lui sert à comparer, à juger. Il rassemble enfin toutes ses lumières acquises, et descend avec elles dans les profondeurs du cœur humain, et l'homme se découvre tout entier à son génie! C'est ainsi que par le sentiment il trouve l'origine de nos vertus et de nos vices, les ressorts, le jeu, les mouvemens, les secrets de toutes les passions; c'est ainsi qu'il s'empare des deux plus beaux avantages de l'esprit humain, celui de penser toujours juste, et celui de faire croire à la vérité; c'est ainsi que celui qui devoit être le précepteur du monde, devoit être en tout l'ouvrage de la nature, l'élève de la Providence. . . . . La Providence ! accoutumez-vous à ce nom, vous qui seriez encore séduits par de brillantes erreurs; il faut croire en Dieu pour aimer J.-J. Rousseau, et quiconque l'aimera deviendra meilleur.

Beaucoup d'hommes que l'on appelle grands, et qui le seroient en effet, si leurs titres de grandeur étoient avoués par une reconnoissance éclairée et sage, avoient dès leur adolescence fait des prodiges aux yeux des hommes. On peut en effet, avant trente ans, posséder tous les talens qui distrayent du malheur de ne rien faire. On peut, avant trente ans, exercer dans tous ses moyens, dans toutes ses finesses, l'art affreux d'affliger la nature et de ravager le monde. Avant cet âge, on peut être grand musicien, bon peintre, excellent poëte, guerrier redouté; mais celui dont les conceptions vastes embrasent l'humanité entière, employe toute sa jeunesse à se faire homme avant de se montrer au monde.

Tels furent Solon, Lycurgue, Socrate et Platon, tel fut J.-J. Rousseau. Le cours de ses études avoit été la succession même de ses années ; il avoit dépensé une moitié de sa vie à acquérir les vérités qu'il devoit nous enseigner dans l'autre.

Ne diroit-on pas que la vérité se trouve comme resserrée dans la pensée d'un grand homme, et que la nécessité de la dire, quand il l'a découverte, devient pour lui plus impérieuse encore que le besoin de la chercher quand il ne la connoissoit pas ? Mais s'il est des vérités qu'il puisse présenter nues à ses contemporains enchantés, combien en est-il d'autres qui, bien que couvertes des voiles les plus épais, saisissent d'effroi toute une génération ? Comment donc dire celles-là ? comment pouvoir les taire ? C'est ici, que pour l'homme qui doit lutter contre tout son siècle, le courage se change en une sainte audace, et la vertu s'unit au génie. Rousseau connoît toutes les manières d'être, toute la moralité de l'homme ; il va proclamer avec force le vrai, le juste, et la plus haute sagesse se fera entendre sous le soleil, à des hommes dégénérés et pervers, à des gouvernemens corrompus.

Tout devoit être extraordinaire dans J.-J. Rousseau, et les talens auxquels il s'étoit livré, entraîné par une sorte d'inspiration, qu'il avoit cultivés dans le silence et dans une sorte d'obscurité, ne devoient se manifester que par une de ces circonstances que toute la prévoyance humaine ne prévoit pas. Une question oiseuse pour la philosophie moderne, mais de la plus grande importance pour l'humanité, semble être élevée par le hasard. Dieu se sert d'une académie de province pour donner Jean-Jacques à la terre ; il devient auteur par sa répugnance même pour cet état !

Tandis que les sciences et les arts embellissoient l'Europe, que le génie créateur de mille inventions agréables sembloit la parcourir pour donner à l'homme de nouvelles jouissances, que de délicieux besoins se multiplioient par les talens et les faisoient naître, que quelques égards faciles et conventionnels tenoient la place de la nature oubliée au milieu des plaisirs ; qu'un luxe enchanteur tiroit chacun hors de soi pour lui donner une existence brillante dans l'opinion d'autrui ; tandis qu'une douce philosophie, née du progrès des sciences et des arts, incertaine dans ses principes, chancelante et commode dans ses préceptes, apprenoit à concilier le faste des pensées et le déréglement des mœurs, réduisoit toute vertu en paroles, et la probité en grimaces, et exerçoit sur les esprits un empire d'autant plus grand et plus sûr, qu'elle les subjuguoit en les amusant, et n'employoit contre ses ennemis d'autres armes que le ridicule ; dans cette circonstance, qu'il est grand, qu'il est courageux d'avoir dit aux hommes : *Vos sciences et vos arts ont corrompu vos mœurs !*

Telle fut la vérité terrible dont J.-J. Rousseau jetta tout-à-coup la lumière sur nos vicieuses institutions, sur nos coupables habitudes, sur la source de tous nos maux.

Dès les premiers pas de Jean-Jacques dans la carrière qu'il s'ouvroit à lui-même, ne sembloit-il pas devoir être arrêté par les préjugés de son siècle ? et moi-même, en essayant aujourd'hui son éloge, éprouverai-je une sorte d'embarras à affirmer après lui la première vérité qu'il ait manifesté ? A Dieu ne plaise, car c'est un saint devoir de dire la vérité à un peuple qui se régénère. Français, toute vérité vous appartient maintenant, et plus encore celle que Jean-Jacques démontre dans son premier Ouvrage : Vous êtes déja assez libres pour devenir plus libres encore.

C'étoit après avoir long-tems gémi sur l'avilissement et la misère des peuples, sur les jouissances dépravées des maîtres du monde, sur leurs crimes vraiment dignes de pitié, sur leur nullité morale, qui faisoit que de quelques airs empruntés, se formoit pour eux un être de raison que l'on consentoit à nommer vertu ; sur cette opinion publique, cruelle et séduisante, qui appelloit la force naturelle, un avantage brutal ; la franchise, grossièreté ; la sensibilité, la pitié, l'amour du travail, besoins, habitudes populaires ; c'étoit, dis-je, après avoir creusé jusqu'à la racine de nos dangereuses opinions, que Jean-Jacques découvrit et sut démontrer que les arts nous ont de plus en plus éloignés de la nature, que les sciences en étendant leur sphère, nous ont de plus en plus arrachés à nous-mêmes ; qu'enfin le progrès des sciences et des arts, loin d'avoir épuré les mœurs, les a par-tout corrompues. Cette vérité, présentée par Jean-Jacques à son siècle, avec toute l'énergie d'une éloquence républicaine, lui suscita d'autant plus d'ennemis, qu'ils ne pouvoient le combattre qu'en désespéré. Philosophes égoïstes, poëtes du jour, sectateurs de l'opinion, docteurs à la mode, beau monde enfin, tout se réunit contre lui ; il n'y eut pas jusqu'à un roi qui ne voulut aussi prendre part à l'honneur d'abattre ce lion censé terrassé d'avance.

Ne pouvant attaquer la vérité, sur laquelle les injures, non plus que les mauvais raisonnemens n'ont point de prise, on s'en prend à celui qui l'a dite, cela n'est pas étonnant; mais ce qui est vraiment admirable, c'est J.-J. Rousseau qui, seul au milieu de tant d'adversaires, les repousse sans dédain, sans colère, leur prouve que pas un d'eux n'a saisi l'état de la question; et pour toute réponse à leurs mauvaises critiques, reproduit d'une manière plus étendue les preuves dont il avoit appuyé la vérité qu'il avoit annoncée.

Croiroit-on qu'il se rencontre aujourd'hui même, parmi les admirateurs de Jean-Jacques, des hommes assez prévenus pour douter encore de cette vérité? Ils ne s'apperçoivent pas que ce doute, s'il étoit fondé en raison, feroit évanouir comme un songe toute la gloire de ce grand homme; que si cette vérité devient un simple systême ou un ingénieux paradoxe, Rousseau n'est plus dans toute la suite de sa vie et de ses Ouvrages, qu'un éloquent visionnaire. J'opposerai à ce doute injurieux pour lui, dangereux pour l'humanité, toute la force des plus simples raisonnemens. Je sais à qui je parle, et si pour vouloir être utile je deviens ennuyeux, ce sera ma faute et non pas celle de mon sujet.

Tout ce qui ajoute des desirs et des besoins, aux desirs et aux besoins naturels de la vie,

devient

devient dans ses progrès nuisible aux mœurs.
Quelle que soit l'origine des-sciences et des arts,
qu'ils soient nés de l'oisiveté, de l'ennui ou
de l'orgueil des hommes réunis en société, ou
qu'ils soient nés des nouveaux besoins que la
société faisoit naître, toujours est-il vrai que
leurs progrès ont sans cesse ajouté de nouveaux
desirs et de nouveaux besoins aux desirs et aux
besoins naturels de la vie. Plus on a de besoins,
et plus il faut penser à soi, et le cœur se serre
à mesure que les idées s'étendent de ce côté-
là. Qui peut nier, que quand il me faudra réunir
autour de moi tout ce que les sciences et les
arts m'auront rendu nécessaire, je n'aie abso-
lument besoin de plus de richesses, pour essayer
d'être heureux, qu'il ne m'en falloit pour l'être,
en écoutant la seule voix de la nature ? Qui
osera nier qu'alors tous mes desirs, toute ma
convoitise, tous mes soins ne se tournent vers
cet indispensable supplément de richesses, et
dans cette tendance perpétuelle de mes idées,
vers un seul objet qui sera moi, comment pourrai-
je me souvenir que j'ai un prochain?

L'habitude de ne penser qu'à soi pour obtenir
des jouissances factices, rend à la longue inca-
pable de se procurer par soi-même les choses

B

de première nécessité, et même d'en éprouver le besoin. De-là, tous ces être dépravés ou artificiels, indignes du nom d'homme qu'on leur laisse par intérêt, et qui, au moindre signe d'un desir qu'ils n'ont pas, sont à l'instant entourés d'une foule d'esclaves presqu'aussi vils qu'eux. Ces tristes victimes de la mollesse, saisirent l'occasion que leur offroient les arts, de retrouver en quelque sorte dans l'opinion d'autrui, l'existence que leur refusoit la nature. Leurs richesses parurent de tous côtés à l'extérieur, et devinrent pour les esprits séduits, (c'étoit le grand nombre) le gage certain du pouvoir et des plaisirs, tandis que la modeste simplicité laissoit voir toute la honte de la foiblesse et le malheur de la privation. Cette honte, ce malheur d'opinion devinrent intolérables pour ceux qui avoient conservé le sentiment de l'égalité (c'étoit encore le grand nombre). Ce fut donc pour éviter le mépris, que le peuple se rendit méprisable. Au desir de jouir, le besoin d'être considéré s'est uni. Chacun a voulu être riche, et sur-tout le paroître; tous les moyens de parvenir à ces deux fins ont été bons; et cependant, comme les grands crimes ne sont pas à la portée de tout le monde, on a vu tout-à-coup figurer dans la société quelques insignes voleurs et quantité de petits fripons, tous brillans d'un éclat plus ou moins solide.

Il est tout à la fois ridicule et pitoyable, de voir au milieu de cette foule avilie et corrompue, les riches enflammés de dépit pour des colifichets, craignant que l'élégance de la mode ne les rangeassent sous le niveau commun, se livrer aux caprices, aux manies les plus bizarres. Tout ce que l'on connoissoit de la terre, fut mis à contribution pour leur fournir des mets, des vêtemens, des habitations. Descendus d'excès en excès, à force de jouissances, ils imaginèrent dans leur basse et orgueilleuse ineptie, de se faire beaucoup plus que riches, beaucoup plus que savans même ; et prostituant une dénomination qui n'appartient qu'à la vertu, ils se constituèrent en une classe à part, qu'ils appellèrent noblesse. Cette mensongère et misérable distinction, née de leur esprit aliéné, se transmettoit suivant eux à leurs descendans, par une progression tellement monstrueuse, que leurs générations se succédant, loin de dégénérer, augmentoient en privileges, en avantages, et que dans leurs familles, toujours honorées de plus en plus, les pères étoient dans l'obligation de respecter les enfans.

Telle est, on n'en peut pas douter, l'origine de l'égoïsme, de l'impérieux besoin des richesses, de cette enluminure devenue nécessaire pour échapper au mépris, et de la plus ridicule extravagance de l'esprit humain, la noblesse de race. Ils furent engendrés par les arts, et ils engendrèrent une multitude de vices.

Les loix augmentèrent de sévérité, les punitions devinrent barbares, les peuples plus astucieux, et toute vertu consista désormais dans la pratique adroite de tous les crimes.

Mais si les arts mécaniques ont produit par eux-mêmes, et par leurs rapports aux sciences et aux autres arts, des effets si avilissans pour l'homme, que dirons-nous de ce que l'orgueil des savans a appellé beaux arts ? Pourquoi cette distinction entre les arts ? pourquoi des artistes et des artisans ? et à tout-prendre, quels sont les plus utiles des uns ou des autres ? quels sont les moins éloignés des dispositions à la vertu ? Je sais que ce que je vais dire ne plaira pas à ceux à qui tout plaît, excepté la vérité ; ce sont, suivant moi, les artisans, puisqu'ils travaillent de corps, puisqu'ils mangent leur pain à la sueur de leur front, puisqu'ils remplissent le premier devoir de l'homme. Cependant, on les a relegués au dernier rang de la société, tandis que ceux qui cultivoient les sciences et les beaux arts, ont été admis à disputer à ceux qu'on appelloit grands, la première place dans l'opinion publique. Tout le mépris est encore resté au véritable travail, que l'on a avili à force de l'avilir, et la gloire a couvert de tous ses rayons, la molesse titrée, l'oisiveté contemplative, et les laborieux faiseurs de riens! Et plut à Dieu cependant que les occupations, les recherches de nos savans eussent été infructueuses! Plut à Dieu qu'elles eussent été sans effet pour eux et pour l'humanité! Amis de la vertu, c'est ici que j'ai plus particulièrement besoin de vos encouragemens; je poursuis, avec Rousseau, l'orgueil de l'homme jusques dans son dernier refuge, qu'il a su rendre respectable au vulgaire.

Pour le savant, pour le soi-disant philosophe, pour l'homme de lettres, la gloire est tout; elle est l'unique but de leurs travaux, le puissant véhicule de leurs pensées, l'aliment de leur génie. Sans cesse occupés de créer des plaisirs nouveaux, d'exciter la surprise, de laisser un nom dans l'Univers, ils ne connoissent ce qu'ils connoissent que pour le mépriser en quelque sorte. Ils s'élancent habituellement par la pensée, dans un monde imaginaire et sublime, d'où ils ne descendent même pour s'ennivrer de l'admiration publique, qu'à l'instant marqué par eux. Malheur à quiconque voudroit hâter cet instant, quelle qu'en pût être la nécessité ! Vous souhaiteriez de charger Démosthène de plaider devant l'Aréopage, la cause d'un innocent, qui sans lui va être condamné ? . . . . Arrêtez . . . . . Vous ne pouvez approcher de sa demeure, vous ne pouvez le voir. Enfermé pour deux mois dans un profond souterrain, la tête à demi-rasée, à dessein de ne pouvoir se montrer en public ; seul avec son génie, il compose, à la lueur d'une lampe, ces fameuses oraisons, qui dureront autant que l'esprit humain ! Lorsque Metellus prend d'assaut la ville de Syracuse, vous cherchez Archimède dans la foule de ceux qui défendent leur Patrie expirante ? Eh bien, sourd aux cris des vainqueurs, sourd aux cris de ses Concitoyens qu'on égorge, Archimède, dans la tranquille et cruelle incurie des sublimes talens, achève une opération de géométrie ! Vous voulez que ce poëte, dont les ouvrages vous ont tant inspiré de confiance dans sa bonté, vous rende à l'instant un service qui sera ignoré ? Vous desirez l'impossible ; il achève de rimer sur la bienfaisance une Ode qui fera l'admiration des siècles.

Oui, je le dis dans l'amertume de mon cœur, l'homme de génie, porté par une irrésistible impulsion vers la renommée, ne voit et n'entend rien dans la route qui l'y mène. Il parcourt cet espace avec une vélocité d'autant plus grande, qu'il a secoué et brisé tous les liens qui attachent les hommes vulgaires à la société. Il ne desire qu'être vu, et se met toujours en scène; il sacrifie tout à des effets saillans, à des résultats inattendus, aux impressions fortes ou gracieuses qu'il veut obtenir ; il substitue dans son cœur, l'amour des apparences à l'estime des réalités ; et si l'occasion le force quelquefois de faire le bien, il veut encore avoir une certaine allure, et se regarde marcher dans le sentier même de la vertu.

Voilà le mal que les sciences et les arts font aux savans, et si l'on y ajoute celui qu'ils ont fait à la société, on trouvera que l'histoire de leurs progrès est sans contredit l'effroyable liste de tous les maux du genre humain. Despotisme des gouvernemens, fourberies du sacerdoce, avilissement, ruine des citoyens, déplorables découvertes des mondes nouveaux, agrandissement du théâtre de nos crimes, luxe, hypocrisie. . . . . Hypocrisie ! nous devons tout cela à nos sciences et à nos arts. Ce sont nos nouveaux besoins, l'insatiable et nécessaire soif de l'or, la manie forcenée de paroître, d'avoir des dehors qui, nous arrachant à la nature et à nous-mêmes, nous ont tous masqués, rendus vils et méprisables, nous ont tous tués pour la vertu.

Eh quoi! faut-il donc détruire toutes les académies, toutes les manufactures, bannir les artisans, les artistes, les savans, fermer nos ports, déchirer nos vaisseaux, incendier toutes nos bibliothèques, et après tant de siècles de travaux pour acquérir des lumières, élever grossièrement un temple à l'ignorance? Non, sans doute. Le champ des grands principes est vaste et commode; mais il aboutit de tous côtés aux abîmes de l'infini, où tout se confond et se perd. Nos arts et nos sciences, sont le fer dont nous avons été blessés; il ne faut pas l'arracher trop brusquement de la plaie, dans la crainte de hâter ou de donner la mort; et dans l'état présent de l'humanité, outre qu'il faut que chacun puisse vivre du travail auquel il est accoutumé, il faut avoir le malheur d'être instruit, pour éviter le malheur plus grand d'être trompé. J.-J. Rousseau, qui semble dire à l'esprit humain : *Arrête-toi là*, tout en nous éclairant sur le danger de nos sciences et de nos arts, a prévu le danger, l'impossibilité de les bannir de la société. Il a voulu même que les vrais savans, les véritables philosophes, fussent appellés près des trônes, et que rien ne fût au-dessus de leur noble ambition pour l'ennoblir encore. *Mais*, ajoutoit-il, *tant que la puissance sera seule d'un côté, les lumières et la sagesse seules de l'autre, les savans penseront rarement de grandes choses, les princes en feront plus rarement de belles, et les peuples continueront d'être vils, corrompus et malheureux.*

Français, c'est ici que la première vérité que Jean - Jacques a découverte, nous devient nationale par notre révolution. C'est à nous qu'il convient de donner maintenant à la terre l'exemple d'un peuple qui honorera les sciences, en les faisant toutes servir de cortège à la science de l'homme et de ses devoirs; les arts en les détournant de leurs anciens objets, en ne les destinant qu'à servir la foiblesse humaine dans les occasions jugées utiles à l'humanité, à immortaliser les vrais Citoyens, à ajouter encore, s'il est possible, des plaisirs au plaisir de bien faire.

Mais à qui devons-nous cette étonnante révolution, qui certainement a commencé par une révolution dans nos idées? Tandis que nos oppresseurs gangrenés de vices et affamés d'or, luttoient de toutes leurs forces contre leur anéantissement, qui est-ce qui a osé déchirer le voile qui cachoit à l'homme l'égalité, la liberté ? Qui est-ce qui osa nous montrer le premier la nature et la vertu dans leur touchante et adorable simplicité ; et la simplicité, la liberté, la vertu toujours compagnes, toujours inséparables ? Soyons de bonne-foi, Citoyens, ce ne sont point ceux qui, couverts des imaginaires lauriers d'un plus imaginaire parnasse, nous mettoient sous les yeux de gigantesques vertus parlant un pompeux langage, et qui, pour se délasser d'avoir peint de si grands, de si sublimes objets, s'égayoient dans de petits ouvrages où la débauche, la licence et le vice puisoient de si faciles leçons. Ce ne sont point ceux qui parvenus à forces de talens, d'intrigues et de richesses au trône de l'opinion, répandoient de-là dans les esprits quelque peu de lumières, et dans les cœurs, le goût de la tranquille oisiveté, du luxe, des talens et des arts, vils esclaves de leurs passions et des passions d'autrui, qui prêchoient la liberté en flagornant les tyrans. Il falloit une voix plus forte, plus sonore que la leur, pour nous rappeller du tombeau. Cette voix fut celle de J.-J. Rousseau,

qui, discordant tout-à-coup avec la mo-
notonie des leçons de la foule prédicante,
frappa d'un étonnement salutaire les cœurs et
les esprits.

La réflexion suivit l'étonnement, l'opinion
favorable aux seuls beaux-arts, devint chancelante. Parmi les gens de lettres, parmi les
philosophes, il s'en trouva d'assez courageux
pour rectifier insensiblement leurs idées à l'aide
de la nouvelle lumière. D'autres ne furent di-
rigés dans leurs études, dans leurs recherches,
que par les nouveaux principes. Peu à peu les
ouvrages devinrent plus utiles; les sociétés savantes qui avoient l'avantage de dispenser-la
gloire, eurent le mérite de braver la superstition, l'orgueil pour couronner l'éloquence qui
louoit la vertu; enfin, les belles actions eurent
des récompenses, comme les beaux discours
avoient des prix.

Il semble que j'avance trop ici dans mon
sujet, et cependant, cette sorte de divagation
tient à mon sujet lui-même. J.-J. Rousseau,
que l'audace la plus inepte a accusé d'incon—
séquence, fut d'une telle conséquence dans ses
principes, que son premier ouvrage contient
les élémens de tous ses ouvrages, et que ses
ouvrages, dans leur admirable harmonie, dans

leur lumineux ensemble, présenteront sans cesse aux bons esprits, toute la philosophie de la nature et de la liberté.

Rappeller l'homme à la nature, lui créer, pour ainsi dire, d'autres sources de plaisirs et d'amusemens, changer ses mœurs par son éducation, lui rendre le goût de la liberté, faire marcher d'un pas égal ses mœurs et ses lumières, lui restituer l'exercice de ses droits si long-temps méprisés par des gouvermens fastueux et oppresseurs, tracer le plan de meilleurs gouvernemens, les opposer dans l'opinion à toutes ces vieilles machines politiques, ouvrages de la tyrannie et du mensonge, telle fut la grande tâche que J. - J. Rousseau s'imposa à lui-même; et certes, il devoit commencer par détruire ce système d'ostentation, né du progrès des sciences et des arts, et qui, par leur moyen, ajoutant sans cesse des desirs et des besoins aux desirs et aux besoins naturels de la vie, appesantissoit depuis tant de siècles sur les peuples les chaînes de l'esclavage.

Mais, quels sont donc les desirs et les besoins naturels de l'homme? Exista-t-il jamais une loi primitive, de laquelle résultent pour lui les droits imprescriptibles de son indépendance et de sa liberté? Comment retrouver cette loi,

anéantie par toutes nos institutions, nos habi-
titudes, nos vices, et même nos vertus sociales?
comment reconnoître l'homme dans les frag-
mens de son image ainsi défigurée? comment
découvrir sous des couleurs, sous des traits qui
ne présentent à l'observateur que le plus mons-
trueux assemblage, ces vraies couleurs, ces
traits exacts, caractères effacés qui distinguèrent
l'espèce humaine? C'est ici que Jean-Jacques,
embrâsé de l'amour de la nature et de la vérité, soutenu de tout le courage, de toute la
sagacité du génie, ose s'enfoncer par la pensée,
dans ces forêts antiques, berceaux agrestes et
sacrés de l'humanité naissante. Quelle hardiesse!
quelle énergie! quelle vérité frappante dans les
traits dont il peint l'homme naturel! L'on est
saisi d'un étonnement mêlé de plaisir, en re-
gardant l'homme sauvage de Jean-Jacques, ou
plûtot celui de la nature; et malgré toute la
distance qui nous sépare, malgré toutes les diffé-
rences que nous avons mises entre nous et lui,
c'est un père qui nous est rendu, c'est le père
du genre humain, qui semble ressortir des abîmes
d'une éternité passée, pour nous adresser à nous,
hommes d'hier, ces terribles reproches dans un
discours tout en actions. « Votre seul aspect
» m'effraye, m'épouvante;....... est-il bien

» possible que vous soyez mes enfans ? que de
» siècles ! que de générations de malheurs .et
» de crimes n'avez-vous pas employés pour
» vous rendre si dissemblables à moi ! quel est
» cet entourage dont vous vous êtes enveloppés,
» chargés, que vous avez attaché si près de vous,
» qui cache et détruit cet utile tissu, tout-à-la-
» fois dur et flexible, dont vous avoit couvert
» la nature ? que sont devenus, sous vos vête-
» mens qui vous garottent de toutes parts, la
» liberté, la vîtesse de vos mouvemens ? où donc
» est la force, l'agilité, la souplesse, la dex-
» térité de vos membres embarrassés dans le
» jeu de toutes ces machines que vous avez
» mises entre la nature et vous ? que sont de-
» venus l'immense étendue, la perspicacité de
» votre vue, l'extrême finesse de votre ouïe,
» le discernement si juste de votre odorat, et
» l'ignorance de votre goût, dont la seule faim
» dirigeoit les choix ? Vos habillemens, vos
» inventions ont anéanti vos sens, vous ont ôté
» vos corps, vous ont créé les infirmités et ré-
» percuté la mort ! Qu'est devenue l'indépen-
» dance, l'heureuse fugitivité de vos idées, et
» ce tranquille et intérieur contentement de la
» nature, qui n'a pas plus de besoins que de
» moyens de les satisfaire ? qu'avez-vous fait de la

» pitié naturelle, de ce besoin si doucement im-
» périeux, qui, *modérant dans chaque individu*
» *l'activité de l'amour de soi-même, concourroit à*
» *la conservation mutuelle de toute l'espèce ? qu'est*
» *devenue votre égalité primitive devant vos con-*
» *ventions, vos distinctions sociales ? la loi na-*
» *turelle devant vos loix, ouvrage de l'ambition*
» *de quelques-uns d'entre vous ? comment le fort,*
» *a-t-il pu se résoudre à servir le foible, l'homme*
» *à ramper devant l'homme, et les peuples à acheter*
» *un repos en idée au prix d'une félicité réelle ?*
» comment ces affligeans prodiges se sont-ils
» opérés, si ce n'est par le progrès insensible
» d'une dépravation qui vous a enfin avilis,
» rendus tout-à-fait esclaves de cœur et d'esprit,
» après avoir pris naissance dans un commen-
» cement du desir de ce que la nature ne vous
» avoit pas donné ? »

Dans le discours sur les causes de l'inégalité parmi les hommes, on diroit que J.-J. Rousseau décompose et recompose l'homme sous les yeux du suprême artisan qui lui auroit communiqué ses secrets, et l'on sent que les esprits comme le sien s'étendent véritablement avec Dieu dans leurs grandes conceptions. Je ne crains pas de dire que dans les orateurs connus, il n'est rien au-dessus de l'éloquence mâle et fière qui frappe, étonne, convainc et persuade dans cet immortel discours. En le lisant , il faut penser comme J.-J. Rousseau, ou renoncer à la pensée ; et le but qu'il se propose est moins de persuader que de persuader des choses utiles. Le charme de sa diction lui associe tout lecteur né sensible. On cherche la vérité avec lui, on la découvre avec lui, et l'on partage la peine de l'investigation comme l'enthousiasme de la découverte. Si, à force de talens ou de bonne-foi, il paroît se tromper , c'est encore à notre profit ; et lorsque l'ignorance disparoît , l'amour-propre seul est flatté. Il semble que nous ouvrions avec lui le grand livre du monde , pour trouver l'homme comme il le dit, dans l'embryon de l'espèce. Il n'est aucune vertu humaine, aucun vice, aucune habitude naturelle ou sociale dont les premiers élémens, les racines , leurs insertions dans notre cœur, leurs développemens dans nos organes, ne soient ainsi indiqués dans cet ouvrage. Ainsi, l'on touche les grands obstacles qui dûrent s'opposer à la société que la nature sembloit défendre à l'homme, sous peine des maux les plus affreux. On voit que la seule origine des langues est cachée dans des difficultés presqu'insolubles ; on voudroit résoudre l'intéressante question de savoir si les langues dûrent être formées ayant

la

la société, ou la société avant les langues. Si les mots ne furent pas d'abord des prononciations désinentes de cris naturels, si les prononciations ne désignèrent pas des substances, si en ajoutant quelques articulations aux substantifs, on ne parvint pas à représenter les actions, s'il ne fallut pas des milliers de siècles ou un commandement exprès de l'Être Suprême, pour donner à l'homme l'usage de la parole. On apprend que l'on n'a d'abord parlé que pour faire agir les autres ; que pour les faire agir il a fallu les faire penser, que pour les faire penser il a fallu causer de grands ébranlemens, de fortes secousses dans des esprits naturellement peu portés à la réflexion ; que les premiers mots étoient des images, les discours des descriptions vives et rapides, toujours accompagnées de signes, de bruits imitatifs du mouvement que l'on vouloit déterminer, des tableaux frappans, terribles comme les dangers que l'on avoit à craindre, attirans ou gracieux comme les jouissances, les avantages que l'on vouloit obtenir ou faire desirer ; c'est ainsi que l'on puise aux sources pures de la véritable éloquence, c'est ainsi que l'on retrouve dans ce discours cette vérité tant de fois combattue par la philosophie moderne, cette vérité, plutôt sentie encore que démontrée,

C

et sans laquelle il n'est ni vice ni vertu ; c'est à savoir que l'homme concourt à toutes ses actions, en qualité d'agent libre, que comme tel il est susceptible de perfectibilité, tandis que les autres animaux, telle intelligence qu'on leur suppose, font toujours les mêmes choses de la même manière, et n'ont jamais ajouté les expériences des enfans aux expériences des pères ; c'est ainsi que l'on voit dans la propriété, dans le partage inégal des terres., les causes principales de toutes les inégalités parmi les hommes, les idées mères de tout gouvernement, les raisons d'existence, de dépérissement de toute association politique, les germes de toutes révolutions ; c'est ainsi que l'on voit, quoique de loin, l'heureuse possibilité pour les peuples, de réformer un jour leurs institutions sociales, leurs loix en même - temps que les rapports nécessaires qui se trouvent des loix aux mœurs, leur action immédiate, respective et réciproque ; c'est ainsi que le peuple même, recouvre ses droits primitifs, son inaliénable liberté, de même qu'il a conservé dans le malheur, par le travail, la pitié naturelle étouffée chez ses oppresseurs à force de jouissances et de raisonnemens.

Ce second ouvrage de Jean-Jacques frappa

d'une nouvelle terreur les sages du siècle, et ce fut parce qu'ils ne l'entendoient pas, ou parce qu'ils l'entendoient trop bien, qu'ils furent si effrayés. Substituant dans leur aveuglement ou dans leur mauvaise foi, un ridicule système à l'ensemble de vérités qu'il venoit de découvrir, ils l'accusèrent encore ici de contradiction, pour n'avoir dit que la vérité, et toujours la vérité. Jean-Jacques savoit très-bien que la pitié naturelle pouvoit conduire l'homme à la société, que sa perfectibilité pouvoit à la longue le détériorer, et que naturellement, peut-être, il devoit s'écarter de la nature ; mais il savoit aussi, que parce que l'homme est né libre, le mal moral n'est pas incurable : il savoit que l'homme, cherchant toujours le bonheur, et s'étant jusques-là égaré dans les fausses routes de la science ou de la superstition, peut s'arrêter en chemin et même retourner en arrière ; il savoit que l'homme peut rentrer en lui-même, et remonter au moins par la réflexion de l'esprit à son état primitif, pour le comparer avec l'état social, et redonner à celui-ci, dans des révolutions possibles, tout ce qu'il peut encore comporter de celui-là.

Je conviens que les vérités que Jean-Jacques est venu nous apprendre, ont au premier aspect une sorte de majesté terrible , dont on voudroit s'éloigner par le doute; mais si l'on abandonne franchement son esprit et son cœur à leur impres-sion , elles s'emparent de toute l'ame, la vi-vifient, l'élèvent et l'agrandissent tout à la fois. Ainsi, lorsque le soleil paroît tout-à-coup sur l'horizon , éblouis d'une infinité de cercles lu-mineux, nos yeux se ferment et se détournent; mais peu à peu le besoin de voir leur rendant une force de desir , ils se r'ouvrent , se ferment et se r'ouvrent par intervalles , se laissent dou-cement pénétrer par le jour , et semblent enfin recréer pour nous la lumière , la nature et nous-mêmes.

N'oublions pas que J.-J. Rousseau, occupé des plus profondes méditations sur la nature de l'homme et de ses devoirs , eût un autre genre d'occupation qui lui laissoit tout l'honneur de gagner son pain. Né avec le germe de tous les talens, il avoit appris la musique en l'enseignant; il l'enseignoit et la copioit même pour vivre. il savoit, par expérience , que les gênes du la-beur sont les aîles de la liberté. Ce fut pour conserver toute la liberté de son ame, qu'il s'as-traignit au travail , et toute sa vie ses ouvrages démontrent que les principes du véritable phi-losophe sont toujours d'accord avec sa conduite,

et que jamais l'homme qui se suffit à lui-même ,
ne peut vendre son ame , ne peut être l'esclave
d'autrui.

Etoit-il possible, que celui qui étoit né avec
une si extraordinaire sensibilité, une rectitude
si particulière de sensations, une harmonie si
parfaite d'organisation , avec tous les moyens
de recevoir ou de causer au plus haut degré
toutes les impressions agréables ou terribles,
n'aimât pas ce bel art, qui est comme la seconde
éloquence de la nature, qui amuse l'humanité
jusques dans ses maux, qui charme les travaux
les plus pénibles, et donne à l'oisiveté même
le mérite de l'occupation ? Etoit-il possible que
Jean-Jacques n'aimât pas la musique, et capable d'en approfondir tous les secrets , parce
que la nature lui avoit confié le sien, devoit-il
se borner à être simple copiste ou maître de
chant ? Non sans doute , et d'ailleurs il étoit
dans la destinée de J.-J. Rousseau d'opérer
une révolution dans tel genre qu'il eût embrassé
des connoissances humaines.

Jean-Jacques créa un nouveau systême de musique, comme il avoit créé une nouvelle philosophie. Ce fut aussi dans la nature qu'il trouva
les sources de plaisirs inconnus jusqu'à lui ; et
sans entrer ici dans l'examen de l'ancien systême

pour démontrer toute la supériorité du sien, il suffit de dire qu'à l'apparition des idées de Jean-Jacques, le vieil Orphée Français manifesta de la jalousie; il suffit de dire qu'il fût encore en ce genre un homme du premier mérite par ce nouveau systême, par son Dictionnaire et par le Devin de Village. . . . . Le Devin de Village! Qui est-ce qui a une ame, et pourra oublier ce charmant intermède, dont la ravissante mélodie nous arrache délicieusement aux jouissances fastueuses pour nous livrer à la nature, à l'amour, à l'innocence? Qui est-ce qui a pu voir, sans l'intérêt le plus tendre, ce Colin, dont la beauté franche attire les regards des plus grandes dames, et qui ne veut d'autre bonheur que celui de supporter les rigueurs des saisons, la fatigue du travail, en voyant sa cabane habitée par Colette, par Colette qu'il reverra chaque soir plus chérie ; et dont il chantera la tendresse, pour charmer les peines d'une journée commencée avant le jour? Oh! tant qu'il y aura sur la terre quelque sensibilité, on se souviendra que Colette, la fille de la nature n'est point trompeuse, qu'à la ville on est plus aimable, qu'au village on sait mieux aimer. On chantera sans cesse : *Quand on sait bien aimer, que la vie est charmante ! Tel au milieu des fleurs qui brillent sur son cours , un doux ruisseau coule et serpente.* On sentira que Jean-Jacques , seul au monde , pût réunir dans une touchante pastorale la musique , la poésie à la philosophie la plus sublime.

Qu'il est triste que ce chef-d'œuvre sorti pour ainsi dire, des mains de la nature, soit défiguré sur nos théâtres de province, et surtout sur celui de la capitale, par le jeu d'acteurs dont les mœurs contrastent si évidemment avec la simplicité , la candeur des personnages ! Je ne doute pas que cette pièce ainsi jouée, ne perde beaucoup de son effet moral ; et l'on conviendra avec moi qu'il faudroit avoir bien du penchant à être trompé, pour voir dans nos séduisantes dévergondées autant de naïves Colettes , dès qu'elles en auront mis le bavolet. Toutes les finesses, toutes les combinaisons de l'art ne ressembleront jamais à la pure ingénuité : les Grâces ne sont pas si savantes ; et ce sera dans tous les temps la punition de la femme qui a perdu une fois toute honte, de ne pouvoir se revêtir des dehors de la pudeur qu'au profit du libertinage.

Qui savoit mieux que J.-J. Rousseau que les pièces de théâtre produisent souvent par les acteurs, par le théâtre un effet contraire à celui que l'auteur se propose ? Quel est celui des moralistes, qui même avec le secours des terreurs religieuses, ait peint d'une manière aussi effrayante les dangers des spectacles, en ne dissimulant pas leur déplorable nécessité dans les grandes villes ? Mais c'est ici sur-tout que Jean-Jacques paroît dans une opposition heurtée avec son siècle ; c'est ici sur-tout que ses détracteurs l'accusèrent de contradiction avec l'espèce d'avantage que donne pour un moment l'agréable et verbeuse inconséquence. Après avoir donné le Devin de Village à l'Opéra de Paris, écrire contre les spectacles ! Cela étoit révoltant, absurde, paradoxal ! Il n'y avoit pas d'assez grands mots pour les petits hommes qui osèrent encore l'attaquer ; et cependant lors même que le Devin de Village n'auroit pas eu tout le mérite d'une création nouvelle qui disposoit l'art à se rapprocher de la nature, lors même que le Devin de Village n'eût pas été une de ces heureuses exceptions qui semblent changer les règles, lorsque le Devin de Village n'eût été qu'une pièce comme tant d'autres, où est l'auteur qui, après avoir joui du succès dans un genre quelconque, se fût déterminé tout-à-coup à ravaler le moyen par lequel il auroit obtenu la gloire ? Il ne faut que du génie pour faire une bonne pièce de théâtre; Jean-Jacques eut beaucoup plus que du génie, il lui fut donné dans tous les temps de sa vie, de sacrifier la gloire des plus sublimes talens à l'austère vérité.

Oui, Jean-Jacques a fait un chef-d'œuvre, il l'a mis au théâtre : oui, son ouvrage contre les spectacles est aussi un chef-d'œuvre, est une des plus utiles productions de la raison humaine; et dans tout ce qu'il a fait, dans tout ce qu'il a dit, loin qu'il y ait la moindre incohérence, il se trouve au contraire une liaison, une suite, une connexité qu'aucun de ses adversaires ne connut jamais. Oui, c'est parce que Jean-Jacques préparoit dans un de nos plus beaux arts une révolution qui influeroit aussi sur nos mœurs, c'est pour cela même qu'il a dû dire: *Quand on a une femme, des enfans, une patrie, le théâtre est tout au moins inutile.* Français d'aujourd'hui, ne semble-t-il pas que J.-J. nous adresse à l'instant ces paroles ? nos femmes, nos enfans, notre patrie, ne nous sont-ils pas rendus par notre révolution ? quel temps pourrons-nous donner désormais aux amusemens du théâtre ? quand nous en aurons à peine assez pour remplir les devoirs du patriotisme et ceux de la nature, et lorsque nous aurons fait de notre mieux, pour nous choisir des législateurs ou pour créer nos loix, pour diriger les volontés vers leur exécution, pour procurer à nos femmes, à nos enfans, un bonheur toujours augmenté du bonheur public, quel spectacle plus magnifique et plus touchant que celui que nous nous donnons à nous-mêmes dans notre garde nationale, dans les exercices, dans les évolutions, dans les manœuvres de cette puissance formidable qui, ignorant peut-être encore le secret de son énergie, pourra briser toutes les forces de la terre devant la liberté qui lui a donné naissance? Ici, tout panégyrique de Jean-Jacques devroit se taire devant vous, Français, et ce que vous auriez de mieux à faire ne seroit pas de m'entendre, ce seroit de m'interrompre par une lecture publique de cette lettre sur les spectacles, où Jean-Jacques charge enfin de tout le mépris de la vertu le coupable talent de paroître ce que l'on n'est pas, de contrefaire la bonne-foi, l'amour, l'amitié et tous les bons sentimens humains ; ce talent qui, passant des acteurs aux spectateurs, des spectateurs à la société, nous a rendus si difficiles sur les vertus apparentes, si indifférens sur les vertus réelles, et nous a corrompu encore davantage dans nos jours de corruption. Vous apprendriez de Rousseau lui-même, comment la pitié excitée au théâtre, est une pitié stérile qui se repaît de quelques larmes, et n'a jamais produit le moindre acte d'humanité; comment le cœur s'attendrit plus volontiers à des maux feints qu'à des maux véritables; comment il semble que nous ayons tout fait pour l'humanité, quand nous avons donné des pleurs à des fictions; comment le théâtre, par la science des convenances qu'il a rendu telles, mine sourdement les appuis de toutes vertus, et comment peut-être tous les vices dont nous nous plaignons, naissent du ridicule qu'il jette sur les vieillards, du ton tranchant qu'il donne à la jeunesse, et du mépris qu'il excite nécessairement pour les femmes. Les femmes! de quelles couleurs plus vraies, plus séduisantes, pouvoit-on les peindre? Qui est-ce qui a plus honoré cette précieuse moitié du genre humain, que celui qui, prenant avec un intérêt si vif et si tendre son parti contre elle-même, lui a adressé des reproches d'autant plus durs, qu'ils partoient d'un cœur plus aimant et plus sensible? qui est-ce qui les a plus aimées que celui qui a brisé, déchiré ces ornemens faux, ces voiles jaloux, qui, aux dépens des mœurs, cachoient au pur amour tout ce que la nature a fait pour lui?

Nos nouvelles vertus ont-elles fait assez de progrès pour que nous puissions entiérement renoncer aux amusemens du théâtre ? possédons-nous assez de sublimes réalités pour repousser les sublimes illusions ? céderai-je au besoin de parler d'Héloïse ?

Rousseau, en publiant ce livre, eut voulu être dans un siècle où il eut dû le jetter au feu ; mais il avoit vu les mœurs de son temps ; mais il savoit que l'on ne peut arracher l'homme à des habitudes vicieuses , qu'en le reportant au moins par les passions vers la vertu, dont le germe est flétri dans son cœur. Il savoit que l'amour des femmes est un des plus charmans, un des plus puissans liens de la société, et qu'entre un peuple d'esclaves et un peuple d'hommes libres , il y aura toujours cette essentielle différence que ceux - ci honorent , adorent leurs femmes, tandis que les autres les méprisent. Jusqu'à quel excès n'avions-nous pas porté ce mépris des femmes, dans ces jours tant regrettés par nos oppresseurs ! Puissions-nous oublier tout-à-fait ces jours de honte , où nous ne cherchions à plaire aux femmes qu'en nous dégradant ! Ces jours, où ce fut un besoin pour Jean-Jacques de rallumer au moins dans les jeunes cœurs le

feu sacré de la vertu, par le souffle puissant
de la plus irrésistible de toutes les passions !
Puisse la nouvelle Héloïse, devenir tout-à-fait
inutile ou dangereuse ! Ce sera, lorsque plusieurs générations d'hommes auront détruit
beaucoup de nos habitudes vicieuses, lorsque
le luxe et ses nécessités misérables ne com-
manderont plus le déréglement aux femmes et
le célibat aux hommes ; lorsque le célibat sera
couvert de tout l'opprobre dont l'avoient chargé la
nature et les plus anciennes religions du monde ;
lorsque l'adultère ne sera plus honoré ; lorsque la
candeur et l'innocence pourront croître et s'élever
en paix sous les regards du Ciel, et qu'elles seront
également à l'abri des attentats d'une jeunesse
sans frein, et des sacrilèges d'une vieillesse dé-
crépite et corrompue. Jeunes gens, c'est par
vous que les mœurs peuvent se régénérer, c'est
pour vous que Jean-Jacques a fait un Roman ;
c'est à vos brûlantes imaginations, à vos cœurs
encore sensibles, qu'il a offert la trop sensible et
malheureuse Julie. Il avoit pensé que les images
obscènes, dont tant d'illustres écrivains avoient
rempli vos esprits, disparoîtroient peu à peu
devant la beauté touchante dont il vous présen-
toit l'image. O bons jeunes gens, que Julie
est belle ! qu'elle est intéressante ! qu'elle sut

bien aimer celle qui sacrifia tout, tout à l'amour, et l'amour même à la vertu! Laissons les vils corrupteurs de la société, pour lesquels la pudeur n'est que le signe honnête des honteux desirs; l'amour, une passion égoïste et brutale; la piété filiale, un égard conventionnel; la fidélité conjugale, un crime ridicule; laissons-les, dis-je, traiter Julie de chimère; que nous importent les jugemens de ceux dont la raison est aliénée, les sentimens de ceux dont l'ame se déprave et se perd? Qu'ils disent tout ce qu'ils voudront; Julie amante, fille, femme et mère, fera toujours honneur à l'humanité, et la peinture que nous en a laissé Jean-Jacques a trop de ressemblance avec ce que nous aimons le plus, avec ce que nous adorons, pour ne ressembler à rien. Sans doute Julie a existé; elle est trop dans nos cœurs pour n'être pas dans la nature.

Si dans Héloïse tout est invention, il faut convenir qu'aucun auteur n'eût eu une imagination plus riche, plus brillante et plus fertile que J.-J. Rousseau. Si Jean-Jacques est lui-même Saint-Preux, s'il aima une Julie ou sa semblable, que cette femme dû être délicieusement heureuse; quelle ame avoit donc cet homme divin!

Je crois pour moi, que s'il y a de l'invention dans Héloïse, il y a encore plus de réalité; et ce qui me fait penser ainsi, c'est précisément la simplicité de l'intrigue, ou le défaut d'intrigue si l'on veut; car heureusement pour le genre humain, il y a fort peu de véritables histoires qui fourniroient l'intrigue d'un vrai roman.

Quelle vérité dans tous les caractères, dont un seul agit sur les autres, et leur inspire ce sentiment de bienveillance communicative qui les réunit tous! Julie est le nœud magique qui lie tous les personnages entre eux, et tous à elle-même. On ne peut la connoître sans l'aimer; toutes les femmes voudroient lui ressembler, tous les hommes voudroient trouver des femmes qui lui ressemblassent; et dans la contemplation de cet objet vraiment unique, toutes les idées s'épurent, toutes les honnêtes passions s'allument.

Qu'y a-t-il dans les évènemens d'Héloïse, autre chose que la manière profonde de les sentir, et le sublime talent de les peindre? Qu'y a-t-il que les résultats de caractères différens, placés différemment sous les événemens de la vie?

Si nous considérons le style d'Héloïse, est-il dans aucune langue un ouvrage où tous les feux du plus ardent amour exercent plus énergiquement leur brûlante activité? Où la sagesse et la

raison parlent un langage plus digne , plus impo-
sant, plus persuasif ? où l'amitié, la sensibilité s'in-
sinuent plus puissamment dans les ames ; où les
bonnes mœurs, l'honnêteté, la vertu soient peintes
avec des couleurs plus douces, plus vives et plus
frappantes , le crime avec des traits plus odieux ;
la vie avec des dehors plus rians , la mort avec
de plus profondes , de plus terribles réalités ?

Ce fut dans la méditation constante de tout
ce qui tient à la nature , dans les longues ob-
servations et les expériences réitérées de toutes
les situations de la vie , dans cette extraordinaire sensibilité , qui réfléchissoit en même-
temps dans son ame , et les grandes masses des
objets, et leurs détails différentiels ; dans cette
finesse de tact , qui apperçoit les plus légères
gradations des mouvemens du cœur, les traits
les plus délicats, les plus vrais de l'espèce de
physionomie des passions ; ce fut dans cette
liberté , dans cette indépendance d'idées, qui
ne se soumit qu'à la vérité seule ; dans cette
connoissance exacte de tous les trésors de la
langue française , et des moyens de l'enrichir
de nouvelles tournures , de locutions neuves ,
et d'une foule d'expressions rajeûnies par l'autorité du goût , qui forment comme les couleurs
du discours ; ce fut , dis-je , ce fut peut-être par

tous ces moyens réunis, que J.-J. Rousseau s'étoit formé ce style enchanteur, dont la magie puissante et cachée, est un secret que la nature ne découvre qu'aux génies comme le sien.

Que de sentimens tendres Héloïse n'a-t-elle pas inspirés depuis trente ans! que de douces larmes n'a-t-elle pas fait répandre! que de jeunes gens, pour l'avoir lue, sont devenus sensibles au véritable amour, ont perdu le goût de la débauche et des honteuses voluptés! que d'innocentes liaisons, que de nœuds charmans et indissolubles n'a-t-elle pas formés! que d'époux déja tendrement unis, ont pris une plus grande affection l'un pour l'autre, en lisant ensemble ce charmant recueil! Oh! que tous ceux qu'elle a si délicieusement émus, que tous ceux qu'elle a rendu meilleurs, ne peuvent-ils élever la voix en ce moment! que ne m'est-il permis de citer ceux pour lesquels je sais qu'Héloïse a créé ce qu'il y a de plus réel dans le songe de la vie, les vertus et le plaisir!

Après les Discours sur le danger des Sciences, sur les Causes de l'Inégalité parmi les Hommes, sur l'Origine des Langues, le Dictionnaire, le Nouveau Systême de Musique, le Devin de Village, la Lettre sur les Spectacles, après la Nouvelle Héloïse, Jean-Jacques en avoit assez fait pour n'être qu'immortel , pour occuper une place des plus distinguées parmi les plus beaux génies. On eut cru même qu'ayant jetté dans les esprits les fructueux germes des vérités les plus importantes , il avoit assez fait pour l'humanité, lorsque l'Emile parut.

L'étonnante révolution opérée dans nos mœurs, par le moyen en apparence si simple de nous faire aimer nos enfans , ne laisse presque rien à dire d'Émile. C'est dans le cœur des mères que se trouve le plus bel éloge de cet ouvrage , et tous nos discours n'approcheront jamais de ce panégyrique-là.

Lorsque la nature est chassée de par-tout , la Providence lui donne le cœur des mères pour dernier refuge ; et si là même elle a paru quelquefois muette , son silence n'étoit que momentané. Il n'y a que les plus atroces institutions qui aient jamais pu faire renoncer une femme à la douce propriété d'un enfant donné par le plaisir et payé par la douleur.

Le seul amour des mères pour les enfans suffiroit pour régénérer les mœurs ou pour les conserver : les plus forts liens de la société sont formés par la plus naturelle tendresse. Rousseau ne vit pas dans cet arrangement l'ouvrage du hasard ; il y reconnut les éternels desseins de l'intelligence souveraine , et l'on conviendra que dans la manière dont il entreprit de ressusciter l'amour maternel, il associa autant qu'il est possible à l'homme, son génie avec la puissance de Dieu. O toi ! qui la première osa braver les préjugés du siécle, et suivre les leçons de Jean-Jacques; ô toi ! qui devenue mère , ne pus résister au besoin d'aimer ton enfant, et de donner ton lait à ce nouvel Emile, digne femme, je te salue au nom de l'humanité entière. Ce fut, en suivant ton exemple, que les mères connurent enfin tout le prix de la maternité, que leurs enfans, comblés de tendres caresses et de soins éclairés, devinrent si heureux et si sains, que les pères prirent un intérêt si tendre à cet âge si intéressant. L'honneur même s'est mis d'intelligence avec la nature, et toutes celles qui eurent le courage de t'imiter, devinrent comme toi l'objet du respect de tous les hommes.

C'est en rendant les mères à leurs enfans, et les enfans à la nature, à la liberté, à la société, que Jean-Jacques commença cet étonnant Traité d'Éducation, où la morale est toujours agissante, où les préceptes naissent toujours des circonstances, où les circonstances même sont toutes données par la nature des choses et des hommes.

Trop certain de l'existence des préjugés, des usages qui gênent et contrarient la nature, persuadé que tout est bien sortant des mains de son auteur, qu'il n'y a point de perversité originelle dans le cœur humain, Jean - Jacques entreprit de former, non pas un de ces sages sans sagesse, tranquilles et savans discoureurs de toutes les causes et de tous les effets, qui assignent à chaque être sa place dans l'univers, et ne connoissent pas la leur, toujours au-dessous de l'humanité, pour vouloir s'élever au-dessus d'elle, non pas un homme destiné par ce que l'on appelloit naissance, à ce que l'on appelloit commander aux autres ; ce miracle fut entrepris par le vertueux Fénélon, et bien long-temps avant qu'il fût achevé, la mort arracha le fils de Louis XIV à l'espérance des peuples. Il ne voulut pas former non plus un citoyen de telle ou telle république, un bourgeois de telle ou telle ville ; il voulut, et c'est ce à quoi l'on n'a peut-être pas fait assez d'attention, former un homme qui fût par-tout à sa place, quelque part où le sort l'eut placé, qui sut trouver dans sa condition naturelle d'homme, tous les moyens de recevoir avec courage les coups de la nécessité, de s'y endurcir, de supporter les maux naturels de la vie, et de n'y ajouter jamais les maux de l'opinion, qui sortant des mains d'un gouverneur, qu'à tout prendre, il peut trouver dans son père, fût également propre à tous les emplois de la société.

Ce choix négatif, ce choix qui ne se fixoit sur aucuns des états de la vie, fut encore en cela conforme à la nature, et Jean - Jacques voulut que l'enfant remis d'abord entre des bras qui s'ouvroient pour le recevoir, arrivàt par degrés, et plus sûrement à sa destinée d'homme, quand on auroit écarté de lui toutes les prétentions des incertaines destinées sociales.

Mais, pour écarter toutes ces prétentions, pour briser tous les liens qui, depuis le berceau où ils martyrisent l'enfance de l'homme, jusqu'au tombeau où ils enchaînent encore son cadavre, attristent et défigurent l'humanité, que de préjugés ridicules, que d'usages barbares et superstitieux n'eût-il point à combattre et à détruire ! *Nous avons beaucoup à faire,* dit-il, *c'est d'empêcher que rien ne soit fait.* Mot sublime ! il contient en abrégé toute la science de l'éducation nouvelle qu'il venoit de créer.

La plûpart des moyens d'éducation proposés par Rousseau, sont d'une si évidente utilité, d'une pratique si facile, qu'ils ont été mis en usage avec le plus grand succès. Quant à ceux qui ont été jugés impraticables par les petits esprits ou par l'orgueil, il en est un sur-tout qui a révolté les gens du bel air. Je m'arrête à celui - là, parce qu'il est une conséquence naturelle des principes de Jean-Jacques. Il consiste à faire apprendre un métier à son enfant. Jean-Jacques, qui, comme nous l'avons vu, travailloit pour vivre, Jean-Jacques qui conserva par le travail la franchise dure et noble de son caractère, et l'indépendance de ses idées, voulut que l'homme, élevé à sa manière, donné par la nature à la société, pût tirer de lui-même tous ses moyens de subsistance, et fut par cela seul tout-à-la-fois utile à ses semblables et indépendant d'eux. Grands du monde, tyrans oisifs de l'espèce humaine, l'horreur que vous avez pour le travail des mains, vous la tournez en mépris sur la classe la plus nombreuse de la société ; vous voulez que toute considération soit attachée au plus honteux privilège, et vous appellez gens du peuple ceux qui remplissent le premier, le plus saint devoir de l'homme ; vous croyez dans vos folles imaginations, et contre le témoignage de vos cœurs vuides, avoir mis de votre côté tous les avantages, toutes les jouissances de la vie, en les retirant à cette tourbe laborieuse, à ce peuple ? Eh bien ! riches et puissans, apprenez de moi que vous vous êtes trompés dans vos desirs insensés. J'ai été peuple aussi, je le suis encore au besoin, et dans ma bassesse que vous seuls osés appeller telle, j'ai eu, j'ai encore plus de bonheur, plus d'honneur et plus de plaisir que vous.

Que les fous rient donc d'Émile à l'établi, si cela les arrange ; on ne rit pas long-temps devant un homme qui ne rit pas. Émile, menuisier, sera toujours, suivant moi, le chef-d'œuvre de l'ami des hommes et de la liberté. Il est l'honneur du travail et de la simplicité, la honte et la réprobation de la paresse et du luxe. Émile, robuste et sain, sensible et laborieux, fera le bonheur et la gloire d'une épouse : *Femme, honore ton chef, c'est lui qui travaille pour toi, qui te gagne ton pain, qui te nourrit ; voilà l'homme.*

Je passe beaucoup des détails de l'éducation de Jean-Jacques, sous un silence respectueux et forcé ; c'est dans Émile même qu'il faut étudier, méditer profondément ces détails ; c'est par eux que l'on apprendra à mettre au profit de l'humanité, l'enfant dans la main de l'homme, si je puis m'exprimer ainsi ; c'est par eux que l'on apprendra que de la seule éducation des enfans, dépend le sort des hommes faits, et que lorsqu'elle est toujours adaptée aux indications de la nature, on rend l'homme social aussi bon qu'il puisse être.

Il falloit avoir fait de l'enfance une étude bien approfondie, pour pouvoir indiquer d'une manière aussi juste, aussi précise, les caractères différens de la moralité naissante des deux sexes, leurs droits et leurs devoirs particuliers, leurs habitudes, leurs inclinations propres, les routes différentes qu'ils doivent tenir pour arriver à un but commun, marqué par la nature et la société. Combien il y a de génie dans l'invention d'Émile et de Sophie ! qu'il y a de vérité dans le tableau de leur rencontre, de leurs jeunes amours, de leur séparation, de leur réunion ! qu'il falloit avoir l'ame pure et sensible, pour peindre avec des couleurs aussi fraîches, aussi brillantes, toute la candeur et la vivacité d'une première inclination !

Quel tableau plus ravissant encore, Rousseau ne met-il pas sous nos yeux, quand après avoir donné à Sophie, par l'éducation, tous les avantages naturels de son sexe, toutes les douces et charmantes habitudes qui le rendent si précieux au nôtre ; il peint cette Sophie, surmontant la répugnance et le dégoût pour soigner deux malades, ce sont un mari et une femme, dont les douleurs semblent disparoître à son approche! Et ces bonnes gens, qui dans les soins éclairés, actifs et compatissans de cette femme adorable, semblent voir les bienfaits d'une puissance céleste envoyée à leur secours! Et ce bon Émile attendri, qui contemple en silence celle qu'a choisi son cœur! *Homme, aime ta compagne; Dieu te la donne pour te consoler dans tes peines, pour te soulager dans tes maux; voilà la femme.*

J.-J. Rousseau embrassant dans son vaste plan d'éducation tous les objets qui ont quelque rapport avec la vie humaine, pouvoit-il oublier les plus importans de tous? Les religions et les gouvernemens. Les religions! quel plus vaste sujet de réflexions! la pensée humaine se perd dans la considération de ce profond abîme. Les religions! sera-t-il toujours utile à l'humanité de porter dans ces saintes obscurités le flambeau de la raison; et quiconque osera le faire, sera-t-il donc toujours en proie aux fureurs de l'avarice, du fanatisme et de l'intolérance? O Jean-Jacques, voici le côté douloureux de ta vie! Ce fut dans ce que ta gloire et ta vertu eurent de plus éclatant, que tous tes malheurs prirent leur source.

Quand on parle à l'Univers, il faut parler une langue universelle, et Jean-Jacques ne dut pas dans ses recherches religieuses, se faire précéder de la foi qui sanctifie, mais de la raison qui éclaire. La foi est un don qui n'est pas donné à tous, et les trois quarts du genre humain n'en ont pas d'idée. Émile, destiné à vivre avec tous les hommes, pourra bien adopter une croyance dogmatique; mais avant de faire choix d'un culte particulier, il s'élévera au-dessus de toutes les opinions, par un doute respectueux qui est le commencement de la sagesse. Il ouvrira le grand livre de la nature, et trouvera à chacune de ses immortelles pages, des preuves vivantes de la cause adorable de toutes les existences; il trouvera dans la seule idée d'un Dieu, et dans la liberté de l'homme, l'origine de toute morale; il ne saura d'abord qu'aimer Dieu par-dessus toutes choses et son prochain comme soi-même; il verra ensuite dans le besoin naturel à l'homme d'occuper ses sens pour attacher son cœur, de manifester au dehors les fortes sensations dont il est ému, les profonds sentimens dont il est pénétré, l'origine de tous les cultes, et la nécessité des cérémonies religieuses. Considérant la diversité des religions, il reconnoîtra cependant qu'elles ont toutes une même bâse, qui est la morale, et que tout ce qu'il y a de bon en elles vient de Dieu, comme ce qu'il y a de mauvais est l'ouvrage des hommes. Il dis-

tinguera soigneusement le dogme de la morale,
et sera frappé de la ressemblance des princi-
paux dogmes de toutes les religions. Convaincu
que les religions ne doivent être que des moyens
de bien faire, il rejettera comme contraires à
toute religion, les dogmes qui ne peuvent faire
que du mal; et le dogme le plus sacré pour
lui, quelque soit d'ailleurs la préférence qu'il
accorde à quelque religion, ce dogme pris dans
l'idée d'un Dieu juste et bon, dans la liberté de
l'homme, dans l'amour de ses semblables, ce
dogme sera invariablement celui de la tolérance
religieuse.

Il s'en faut bien que la tolérance, enseignée
par J. - J. Rousseau, ressemble au mépris de
toute religion enseigné et mis en pratique par
tant d'auteurs illustres. En disant ce que l'on
doit aux hommes, il n'a pas oublié ce que l'on
doit à Dieu, par-tout où sa présence se fait
sentir; et dans l'examen vraiment philosophi-
que et religieux qu'il fait des religions, on
diroit qu'il ne s'est proposé que de rendre un
hommage éternel à la personne de Jesus-Christ
et à sa morale divine.

Je me soucie fort peu de ce que diront ceux
qui ne connoissent Jésus et sa morale, que par
des critiques infâmes, également indignes des

-vrais philosophes et des honnêtes gens. Je suis encore plus indifférent sur le jugement de ceux qui avoient changé à leur profit la religion chrétienne en une source de richesses et de plaisirs ; qui, soutenant par une autorité de leur façon, toutes les superstitions utiles à leur avarice, à leur luxure, vendoient des mystères argent comptant, et se faisant honneur d'un fanatisme qu'ils n'avoient pas, se donnoient modestement pour des saints, tandis qu'ils n'étoient que des sacrilèges et des fripons : je soutiens que guidé par la seule raison, qu'inspiré même par cet assentiment intérieur, qui s'agrandit si facilement en enthousiasme, ou par la foi si l'on veut, jamais homme qui fût au monde ne rendit à Jésus-Christ et à l'Evangile, un hommage plus éclatant et plus légitime que celui contenu dans quelques lignes de J.-J. Rousseau. Que l'on me permette, pour l'instruction de quelques-uns, et pour mon propre bonheur, de les citer ici ces lignes immortelles ; puisse ce discours, être un moyen de le faire connoître encore !

« Je vous avoue que la majesté des écritures
» m'étonne, la sainteté de l'Evangile parle à
» mon cœur. Voyez les livres des philosophes,
» avec toute leur pompe, qu'ils sont petits près

» de celui-là ! Se peut-il qu'un livre à la fois
» si sublime et si simple , soit l'ouvrage des
» hommes ? se peut-il que celui dont il fait
» l'histoire, ne soit qu'un homme lui-même?
» est-ce là le ton d'un enthousiaste ou d'un
» ambitieux sectaire? Quelle douceur , quelle
» pureté dans ses mœurs ! Quelle grace tou-
» chante dans ses instructions ! Quelle élévation
» dans ses maximes ! Quelle profonde sagesse
» dans ses discours ! Quelle présence d'esprit,
» quelle finesse ! Quelle justesse dans ses ré-
» ponses ! Quel empire sur ses passions ! Où est
» l'homme, où est le sage qui sait agir, souffrir
» et mourir sans foiblesse et sans ostentation?
» Quand Platon peint son juste imaginaire cou-
» vert de tout l'opprobre du crime, et digne de
» toutes les récompenses de la vertu, il peint
» trait pour trait Jésus-Christ; la ressemblance
» est si frappante , que tous les pères l'ont
» senti , et qu'il est impossible de s'y tromper.
» Que de préjugés, quel aveuglement ne faut-
» il point avoir, pour oser comparer le fils de
» Sophronisque au fils de Marie ! Quelle dis-
» tance de l'un à l'autre ! Socrate, mourant sans
» douleur , sans ignominie , soutint aisément
» jusqu'au bout son personnage ; et si cette facile
» mort n'eût honoré sa vie, on douteroit si

» Socrate, avec tout son esprit, fût autre chose
» qu'un sophiste. Il inventa, dit-on, la morale?
» d'autres, avant lui, l'avoient mise en prati-
» que ; il ne fit que dire ce qu'ils avoient fait, il
» ne fit que mettre en leçons leurs exemples.
» Aristide avoit été juste avant qu'il eût dit ce
» que c'étoit que justice ; Léodinas étoit mort
» pour son pays, avant que Socrate eût fait un
» devoir d'aimer la patrie ; Sparte étoit sobre
» avant qu'il eût enseigné la sobriété ; avant
» qu'il eût défini la vertu, la Grèce abondoit
» en hommes vertueux. Mais, où Jesus avoit-il
» pris chez les siens cette morale élevée et
» pure, dont lui seul a donné les leçons et
» l'exemple ? Du sein du plus furieux fanatisme,
» la plus haute sagesse se fit entendre, et la
» sublimité des plus héroïques vertus honora
» le plus vil de tous les peuples. La mort de
» Socrate, philosophant tranquillement avec ses
» amis, est la plus douce qu'on puisse desirer ;
» celle de Jesus expirant dans les tourmens,
» injurié, raillé, maudit de tout un peuple,
» est la plus affreuse qu'on puisse craindre. So-
» crate prenant la coupe empoisonnée, bénit
» celui qui la lui présente, et qui pleure ; Jesus,
» au milieu d'un supplice affreux, prie pour ses
» bourreaux acharnés. Oui, si la vie et la mort

» de Socrate sont d'un sage, la vie et la mort
» de Jesus sont d'un Dieu. Dirons - nous que
» l'histoire de l'Evangile est inventée à plaisir ?
» Mon ami, (on sait que c'est le vicaire qui
» parle) ce n'est pas ainsi qu'on invente, et les
» faits de Socrate, dont personne ne doute, sont
» moins attestés que ceux de Jesus-Christ. Au
» fond, c'est reculer la difficulté sans la dé-
» truire ; il seroit plus inconcevable, que plu-
» sieurs hommes d'accords eussent fabriqués ce
» livre, qu'il ne l'est qu'un seul en eût fourni
» le sujet. Jamais des auteurs Juifs n'eussent
» trouvé ce ton ni cette morale, et l'Evangile
» a des caractères de vérité si grands, si frap-
» pans, si parfaitement inimitables, que l'in-
» venteur en seroit plus étonnant que le héros ».

Il est difficile de trouver dans aucune langue,
rien d'aussi parfaitement beau, que ce passage
d'Emile ; et si J.-J. Rousseau se fût arrêté-là,
je ne doute pas qu'on ne l'eût regardé comme
un des plus éloquens apôtres de l'Evangile.
Mais, continuant de parler de ce livre, non pas
en chrétien, mais en philosophe, continuant de
parler aux hommes le seul langage des hommes,
il ajoute : « Avec tout cela, ce même Evangile
» est plein de choses incroyables qui répugnent
» à la raison, et qu'il est impossible à tout

» homme sensé de croire ni d'admettre. Que
» faire au milieu de toutes ces contradictions ?
» Être toujours circonspect, respecter en silence
» ce qu'on ne sauroit ni rejetter ni comprendre,
» et s'humilier devant le grand Être qui seul sait
» la vérité ».

Que veut dire cette restriction ajoutée à l'éloge
de l'Evangile, sinon qu'humainement parlant,
il est impossible de croire à tout son contenu ?
et que disent de moins tous nos théologiens,
que dit l'église elle-même ? N'enseignent-ils pas
que la grace est une opération divine, et que
toute sa puissance est nécessaire pour nous déterminer à croire des vérités si opposées à la
raison ? Saint Paul ne consent-il pas à passer
pour fou, en admettant tous les mystères de la
religion ; et que peut-on donc reprocher à
J.-J. Rousseau, lorsqu'il parle sans la grace,
comme ceux-là même qui en étoient inspirés ?

Mais ce ne fut pas la manière dont il examina
les mystères, les miracles, qui lui attira tant
d'irréconciliables ennemis ; ce fut le courage
avec lequel il sut débarrasser de toute opinion
particulière la tolérance religieuse, et placer
encore avec Saint Paul l'amour du prochain fort
au-dessus de la foi ; ce fut le courage éclairé de
toutes les lumières de la raison, qui découvrit
les

les véritables bases du bonheur social ; ce fut ce courage qu'on ne lui pardonna pas. On sait assez avec quel inepte acharnement il fut poursuivi, par ce qu'on appelloit un corps de magistrats. On sait que l'un de ces corps, qui s'étoient insolemment intitulés protecteurs des peuples et tuteurs des rois, eut la lâche et inconcevable barbarie, dans un siècle soi-disant éclairé, de traiter J.-J. Rousseau, auteur d'Émile, comme un scélérat. On sait assez qu'un pontife chrétien, au mépris de toute charité chétienne, de toute raison, devenu le vil instrument des sectaires qu'il abhorroit le plus, se joignit aux persécuteurs de Jean-Jacques ; et dans un mandement, plein de ces injures théologiques, alors à la mode, appella de tous côtés contre lui la haine sacerdotale et la vengeance des gouvernemens. On sait que ce mandement seroit resté dans l'éternel oubli auquel sont condamnées toutes les pieuses sottises, sans la célèbre lettre de J.-J. Rousseau à Christophe de Beaumont. On saura peut-être un jour, par quelles secrettes intrigues, les ennemis de toute vertu parvinrent à lui ravir même sa patrie, à faire bannir des lieux chéris et honorés de sa naissance, celui qui avoit alors une statue dans tous les cœurs honnêtes. Les malheurs de l'homme juste tiennent toujours à des crimes particuliers ou à des fautes nationales.

Quelle gloire peut être comparée à celle dont J.-J. Rousseau s'est couvert en traitant des gouvernemens du monde? Quels titres légitimes à la reconnoissance des peuples, que le Contrat Social, le Gouvernement de Pologne, le Discours sur l'Economie Politique! Et quel génie vaste et hardi ne falloit-il point avoir, pour oser chercher encore la vérité dans ce cahos d'abstractions, que Grotius, Hobbes, Pufendorff et Montesquieu avoient tenté vainement de débrouiller? Je le dis, parce que cela est vrai; il manqua à ces grands hommes, pour ne pas s'égarer dans les obscurités politiques, une seule lumière, c'étoit la connoissance de l'homme naturel. Hobbes avoit supposé l'homme méchant; Grotius, Pufendorff et Montesquieu parlèrent toujours du citoyen, du sujet ou de l'esclave; et Montesquieu sur-tout, le sublime Montesquieu, considérant trop l'homme sous la loi, avoit trop dit comment il étoit ainsi, et pas assez comment il pouvoit être autrement.

Je sais que malgré les hommages rendus dans toute l'Europe, dans toute la France, dans le sanctuaire même de nos loix, à J. J. Rousseau, pour les grandes vérités morales ou politiques

qu'il a découvertes ou enseignées, nous sommes
loin encore de nous être approprié des conceptions de ce grand homme, tout ce qui en convient à notre bonheur, à notre liberté. Mais que
les esclaves du despotisme, que les adorateurs
du vice ne se vantent pas tant de ce qui nous
manque pour les mépriser tout-à-fait. Qu'ils
songent que tout un peuple, qui depuis qua-
torze cens ans disoit de la chose publique, *que
m'importe?* est aujourd'hui convaincu de cette
vérité, que tout citoyen doit avoir part à la
chose publique. Qu'ils réfléchissent à cet assentiment de toutes les consciences, au principe
de toute énergie dans les associations politiques,
à l'influence qu'il acquérera de jour en jour sur
uu peuple qui desire fortement l'honneur et la
liberté.

Lorsque le plus affreux despotisme, lorsque
la haine des soi-disans philosophes, les fureurs
du fanatisme poursuivoient de contrée en contrée
le vertueux auteur d'Émile, lorsque l'humanité
entière sembloit conjurée contre lui, Jean-Jacques s'occupoit donc à rendre au genre humain
le plus immortel service ! Il recueilloit, il ras-
sembloit les matériaux immenses du pacte social, dont les conventions tacites et sacrées
n'étoient encore écrites que dans les cieux et

dans nos cœurs ! Il classoit ces conventions sous leurs formes différentes, il proclamoit les droits imprescriptibles de l'homme, marquoit à la souveraineté sa place immuable, fixoit les bornes des différens pouvoirs à distribuer dans l'ordre social, élevoit des obstacles insurmontables à l'ambition naturelle des gouvernemens, et portoit avec une raison froide et tranquille, les plus terribles coups à toutes les tyrannies !

C'étoit en couvrant l'homme de nouveaux bienfaits, que le génie de J.-J. Rousseau le vengea de tous les maux qu'on lui faisoit endurer. Aux intérieurs jouissances du mérite qui se sent, il joignit l'approbation de quelques amis, la tendresse d'une épouse ; et ces sentimens doux ne suffisant pas encore à son ame grande et forte, d'ailleurs oppressée de souvenirs amers, il eut le courage de se montrer tout entier à la postérité tel que Dieu lui-même l'avoit vû ; il eut le courage de faire ses confessions, et d'arracher par avant de sa renommée, toute estime qu'il n'eût pas méritée, toute gloire qui lui eût été étrangère. L'envie et la lâcheté tâcheront en vain de noircir sa mémoire, pour les aveux qu'il eût la générosité de faire : gloire éternelle à l'humanité, J.-J. Rousseau ne fut pas un Dieu.

Peuple Français, ô mes concitoyens et mes

frères, cet homme immortel eût une prédilection marquée pour notre patrie. Il espéra, par amour pour nous, que nous deviendrions meilleurs. Ce fut dans notre langue qu'il fût si éloquent; ce fut particulièrement à nous qu'il adressa les éternelles vérités qui doivent uu jour éclairer le monde; ce fut à la lumière de ces idées, et comme sous les regards de son génie, que se formèrent en France les vrais philosophes, les défenseurs de la nature, de l'humanité, de la liberté; ce fut dans notre patrie que l'amitié sut offrir et donner à cet homme juste l'asyle qui fut doux à son cœur jusqu'à son dernier moment; l'amitié le vengea dans la France, des maux que les corrupteurs et les tyrans de la France lui avoient fait endurer; et naturalisé, pour ainsi dire parmi nous, par toutes ses douleurs et par tous ses plaisirs, il fut notre compatriote et notre ami. Ces souvenirs ont pour nous quelque chose d'attendrissant et de flatteur; ils nous associent à l'existence d'un grand homme. Ah ! contractons avec J.-J. Rousseau une union plus intime encore; qu'il ne nous quitte plus, que son génie brille sur nous et sur nos enfans; et quoiqu'il en soit du mystère de la sociabilité de l'homme, nous apprendrons bientôt que ce n'est qu'en le rapprochant de la nature, qu'on lui donne les véritables vertus sociales ; que plus nous aurons renoncé aux besoins factices, aux desirs insensés du luxe et de la mollesse, à nos faux et dégradans plaisirs ; plus nous nous serons rendus robustes par les privations réitérées de tout superflu, par l'habitude physique et morale du travail naturel de la vie ; plus nous serons enflammés de l'amour de la justice, de l'ordre et de la vérité, plus nous mettrons de rectitude et d'impartialité dans nos jugemens, de franchise et de loyauté dans leur manifestations ; et plus aussi nous deviendrons dignes d'avoir une volonté capable de perfectionner les moyens de la faire connoître. Nous apprendrons que plus nos loix seront en effet l'expression de la volonté générale, plus elles seront pour le citoyen un objet saint et sacré. Nous apprendrons que la licence est le despotisme du crime ou tout au plus une vertu d'esclave ; et que le vrai, le seul, le premier devoir de tout citoyen est de sacrifier son repos, sa fortune et sa vie au maintien des loix et à la défense de la patrie. Ne sommes-nous pas déja persuadés de cette vérité, et falloit-il autre chose à des Français pour avoir des vertus, que l'occasion d'être vertueux ? Que de Français, durant le jour et dans le silence de la nuit, veillent au soutien de la chose publique ! Que d'actes de désinréressement, de courage, d'intrépidité, de civisme, depuis qu'il nous fut permis d'être des hommes ! O Rousseau, digne apôtre de la liberté, que n'es-tu le témoin et le juge de ce que nous faisons pour elle ! Pourquoi faut-il que l'abîme de la mort soit entre nous et toi ? Je te parle, tu ne m'entends pas ; ma voix et mes desirs se perdent dans le vague de l'éternité ! . . . . . . Que sais-je ? . . . . . sans doute le méchant devroit à la fin de sa carrière, s'enfoncer tout entier dans une anéantissante mortalité ; mais non, non, J.-J. Rousseau qui se rendit à lui-même une justice si rigoureuse, en approchant de la tombe où tant de travaux, de chagrins et d'émotions de toute espèce l'ont précipité trop tôt ; qui fut constitué grand sur ses semblables par son amour pour la vérité, par son noble courage à la dire, J.-J. Rousseau, ses vertus à sa dernière heure, portèrent doucement son ame dans le sein de Dieu. C'est-là, qu'entouré de tout ce qui fut grand et juste parmi les hommes, et particulièrement de ceux qui sont morts pour la défense de nos saintes loix, il verse sur leurs plaies glorieuses des larmes aussi pures que son cœur ; c'est de-là que, soulevant un coin de ce voile épais et funèbre qui nous cache la mort, il crie à chacun de nous dans sa conscience : O homme ! qui que tu sois, fuis de toute ta force les circonstances qui mettroient tes devoirs en opposition avec tes intérêts, apprend à mépriser les commodités de la vie, à braver le malheur; juge de tout ce qui se rapporte à toi devant le ciel et dans ton cœur; et les tyrans de ton espèce trembleront à ta vue, et tu auras une patrie, et l'éternité t'attend.

FIN.